BEI GRIN MACHT SICH IHR WISSEN BEZAHLT

- Wir veröffentlichen Ihre Hausarbeit,
  Bachelor- und Masterarbeit

- Ihr eigenes eBook und Buch -
  weltweit in allen wichtigen Shops

- Verdienen Sie an jedem Verkauf

Jetzt bei www.GRIN.com hochladen
und kostenlos publizieren

Tobias Kollmann

Ein Modell für Gruppengespräche: Die themenzentrierte Interaktion (TZI)

GRIN Verlag

Bibliografische Information der Deutschen Nationalbibliothek:

Die Deutsche Bibliothek verzeichnet diese Publikation in der Deutschen National-bibliografie; detaillierte bibliografische Daten sind im Internet über http://dnb.d-nb.de/ abrufbar.

Impressum:

Copyright © 2003 GRIN Verlag GmbH
Druck und Bindung: Books on Demand GmbH, Norderstedt Germany
ISBN: 978-3-640-40183-3

GRIN - Your knowledge has value

Der GRIN Verlag publiziert seit 1998 wissenschaftliche Arbeiten von Studenten, Hochschullehrern und anderen Akademikern als eBook und gedrucktes Buch. Die Verlagswebsite www.grin.com ist die ideale Plattform zur Veröffentlichung von Hausarbeiten, Abschlussarbeiten, wissenschaftlichen Aufsätzen, Dissertationen und Fachbüchern.

Besuchen Sie uns im Internet:

http://www.grin.com/

http://www.facebook.com/grincom

http://www.twitter.com/grin_com

Tobias Kollmann

....

Sprechen und Verstehen. Beratung und Konfliktmanagement als pädagogische Handlungsformen

„Ein Modell für Gruppengespräche: Themenzentrierte Interaktion (TZI)"

Wintersemester 2002/2003

....

Universität Kassel
Fachbereich 1
Erziehungswissenschaften

Inhaltsverzeichnis

I. Einleitung

Zum Einstieg möchte ich einen kleinen Überblick über die Themenfolge in diesem Seminar geben und gleichzeitig erläutern, wie ich die themenzentrierte Interaktion nach Ruth Cohn hier eingebettet sehe.

Nachdem in den ersten Sitzungen der Veranstaltung Professor Ludwig eine grundlegende Übersicht über den Schwerpunkt B des Kernstudiums aufzeigte und in Ansätzen die Begriffe ‚Lernen, Sozialisation, Entwicklung und Erziehung' definierte, begannen wir mit dem eigentlichen Schwerpunkt ‚Kommunikation'.

Die ersten Referenten beschrieben und erläuterten unter anderem Manipulation und Täuschung sowie Störungen (Watzlawick), die beim Kommunizieren auftreten können.

Als Nächstes versuchten wir mit gewissen Verfahren, Kommunikation zu analysieren. Dabei kam es fast allen Referenten vor allem auf den Praxisbezug an. Immer wieder wurden Beispiele aus Alltagssituationen eingebracht und diese mit Hilfe von Gesprächsanalyse-Verfahren untersucht. Schwerpunkte hier waren vor allem „das Vier-Aspekte-Kommunikationsmodell" und die „Kommunikations- und Persönlichkeitsstile" nach Schulz von Thun.

Umso weiter das Seminar voranschritt, desto praxisnaher wurde es nach meiner Ansicht. Denn nach den eben geschilderten Aspekten der Kommunikation kamen wir zu den problemzentrierten Gesprächen, die unter anderem Themen wie „Aktives Zuhören", „Ich-Botschaften" und die „niederlagelose Methode" (Gordon) umfassten.

Nachdem das Semester schon weit vorangegangen war, kamen wir dann nur noch zum Thema „paradoxe Kommunikation und Intervention", bevor unser Vortrag über die themenzentrierte Interaktion auf dem Programm stand.

Ich beurteile es als absolut richtig, diesen Punkt an den Schluss der Veranstaltung zu setzen, da in gewisser Weise noch einmal schon Gehörtes aufgegriffen wird (beispielsweise Teile der Regeln und Richtlinien der TZI) und es einen hohen – wenn auch teilweise bestreitbaren - Praxisbezug aufweist. Daher hat sich unsere Gruppe auch dazu entschlossen, neben vielen praktischen Beispielen im Vortrag selbst auch eine Art Rollenspiel einzubringen, welches TZI erlebbar und lebendig machen soll.

II. Kurzbiografie und Ideen Ruth Cohns

Ruth Cohn erblickt am 27. August 1912 in Berlin das Licht der Welt. Als Kind jüdischer Eltern – der Vater war Bankier - wächst sie in gesunden Familienverhältnissen auf. Schon früh, so wird aus späteren Kindheitsbeschreibungen deutlich, entwickelt sie ein ausgeprägtes Gerechtigkeitsbewusstsein, das in ihrer späteren Arbeit, besonders bei sozialen Aspekten herausgestellt wird.

Als sie siebzehn Jahre alt ist, stirbt ihr Vater plötzlich, worauf sie beschließt, schnell erwachsen werden zu müssen, weil sie sich für das Wohlergehen ihrer Mutter pflichtig fühlt und auch aktiv Verantwortung übernehmen möchte.
Bei einem Zusammenkommen mit einer Psychiaterin kristallisiert sich schnell der Berufswunsch heraus, auch in diesem Arbeitsfeld später tätig zu werden, weil ihr ohnehin die Begegnung mit Hilfsbedürftigen sehr am Herzen liegt.

Als sich Anfang der 30er Jahre die politische Situation in Deutschland zuspitzt, und sie im Studium zum ersten Mal Kontakt mit antisemitischer Gewalt, die sie zuvor nur aus Erzählungen ihres Vaters kennen gelernt hatte, erfährt, fasst sie den Plan, in die Schweiz auszuwandern um dort ihr Psychologiestudium fortzusetzen. Ihre Mutter und den Bruder kann sie nicht zum Mitkommen überreden. In Zürich erweitert sie ihr Studium noch auf andere geisteswissenschaftliche Fächer wie zum Beispiel Philosophie, Theologie usw. Wichtige Erkenntnisse für die spätere Entwicklung ihrer themenzentrierten Interaktion gewinnt sie aus der Kombination dieser Wissenschaften.
Im Jahre 1940 flieht sie in die Vereinigten Staaten, weil sie einer Falschmeldung Glauben geschenkt hatte, dass die deutschen Truppen in die

Schweiz einmarschierten, was sich im Zweiten Weltkrieg aber nicht bewahrheitet hatte.

Nachdem sie sich mit ihrem Mann Helmut und der gerade erst geborenen Tochter Heidi in den USA eingelebt hat, lernt sie einige junge Psychologiestudenten kennen und tritt in die *National Psychological Association for Psychoanalysis (NPAP)* ein, in die auch Nicht-Mediziner wie Ruth Cohn aufgenommen werden.

In den 50er Jahren kommt sie zu ersten, in der Psychoanalyse revolutionären Ideen, in denen sie beispielsweise die Wichtigkeit des Analytikers hervorhebt und ihn mit dem Prinzip der Gegenübertragung direkt mit einbezieht. Bis zu dieser Zeit galt nämlich ein Analytiker, der vom Schicksal des Patienten betroffen war, als nicht ausgereift; somit entsendete man ihn in Trainingslager um weitere Gegenübertragung zu vermeiden.

Cohn merkt, dass dies nicht mehr ausreicht. Da sie in der *National Psychological Association for Psychoanalysis (NPAP)* keine Mitstreiter für diesen Tabubruch findet, eröffnet sie im Jahre 1955 mit anderen Therapeuten einen Workshop zur Thematik der Gegenübertragung. In dieser Zeit wird ein wichtiger Ansatz der themenzentrierten Interaktion geboren: die Person des Therapeuten / der Therapeutin wird in ihrer Funktion erweitert; nicht mehr nur der/die Gruppenleiter/in sein spielt eine Rolle, sondern Cohn sieht sich als Partnerin im Leben der Patienten. Diese Einheit wertet sie als persönliche Befreiung und Bereicherung, aber gleichzeitig machen auch die Patienten enorme Fortschritte, denn in der Gruppe stehen die gegenseitige Hilfe und Gleichberechtigung im Vordergrund. Diese neuen Methoden der Gruppentherapie und der damit verbundene Erfolg werden in psychoanalytischen Bereichen schnell populär.

Daraufhin zieht sich Ruth Cohn einige Jahre zurück um ihre Ideen auszureifen und die pädagogische Arbeitsweise der themenzentrierten Interaktion zu entwickeln.

Nachfolgend gründet sie im Jahre 1966 das *Workshop Institute for Living Learning (WILL)* in New York und verbreitet auch in Europa ihre Pädagogik.

Verschiedenste Auszeichnungen wie der „Psychologist of the Year" (1971), die Ehrendoktorwürde an der Universität Hamburg (1979) und schließlich das Große Bundesverdienstkreuz (1992) sind die Ergebnisse dieses Lebenswerke s. Auch heute noch lebt Ruth Cohn an der *Ecole de l'humanitaté* in der Schweiz.

III. Regeln und Richtlinien für die Gruppeninteraktion

Ruth Cohn unterscheidet in der thematischen Gruppeninteraktion genau drei wesentliche Faktoren, die auf die Gruppe und auf den therapeutischen Prozess Einfluss nehmen.

Dieses Gebilde (siehe Abbildung unten) besteht aus drei Ebenen, die allesamt voneinander abhängig sind und die es im Gleichgewicht zu halten gilt. Zusätzlich ist diese Dreiheit noch vom Globe, der die Umgebung und die äußeren Einflüsse auf die Gruppeninteraktion darstellen und symbolisieren soll, umschlossen:

„Der Globe stellt die Bedingungen der Umwelt dar, in der Thema, Ich und Wir agieren."[1]

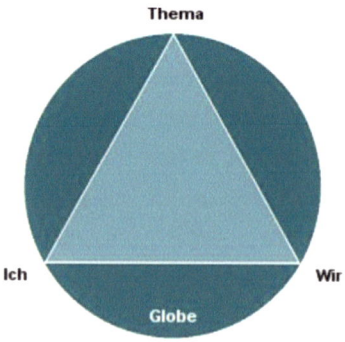

[1] Thomas Müller, *Themenzentrierte Interaktion in IT-Projekten, Mensch und Methode*, erschienen in: *ExperPraxis 2003/2004*, Dortmund 10.03.2003 (http://www.experteam.de/startd/publikationen/Artikel/Ber03_TM.html?Themen+ITBeratung)

Im Folgenden möchte ich die Eckpunkte des Dreiecks noch kurz erläutern: Zunächst bezieht sich die Ich-Ebene auf die einzelne Person selbst. Die eigenen Bedürfnisse und Anliegen spielen hier eine gewichtige Rolle; die Individualität muss gewahrt werden. Des Weiteren ist es die Wir-Ebene, die von mehreren Personen oder sogar der Gruppe an sich bestimmt wird. Hier gewinnen die Gruppengemeinschaft, die Beziehungen untereinander und das Gruppengefühl an Bedeutung. Die beiden beschriebenen Ebenen stehen selbstverständlich im direkten Kontrast zueinander. Somit schließt es der Aufgabenbereich des/der Therapeuten/in unter anderem mit ein, die Balance zwischen diesen Ebenen herzustellen. Die dritte und letzte Ebene (Sach-Ebene) beschäftigt sich mit der Thematik der Gruppeninteraktion. Diese stellt den Kern der

themenzentrierten Interaktion nach Ruth Cohn dar, denn das Thema hat einen erheblichen Einfluss auf die Gruppentherapie. Die Schwierigkeit des/der Therapeuten/in

liegt jetzt darin, die drei Ebenen in einer Gleichwertigkeit zu halten, was meist unmöglich

ist: „Die Balance dieser drei Gegebenheiten ist nie vollkommen, sondern braucht eine relative, dynamische Ausgeglichenheit."[2]

Die folgenden neun Richtlinien der themenzentrierten Interaktion, die praktisch umsetzbar sind, basieren auf Axiomen (= Grundsätze, die keines Beweises bedürfen und die man auch nicht beweisen kann), auf die ich nur in aller Kürze eingehen möchte:

Zum einen sieht Cohn den Menschen in einer Einheit aus Autonomie und Interdependenz, also in einer Eigenständigkeit und Allverbundenheit; zum anderen verleiht sie der Menschlichkeit einen hohen Stellenwert, und sie postuliert auch das Bewusstsein der Allverbundenheit als Basis für menschliche Verantwortung.[3]

---

[2] Ruth C. Cohn, *Von der Psychoanalyse zur themenzentrierten Interaktion*, Stuttgart 1975, 115.

[3] Vgl. Cohn, 120.

1. In der Ich-Form reden

In meinen gemachten Aussagen vertrete ich mich selbst. Ausweichformen wie die „Wir-Form" oder „Man-Form" bedeuten, dass sich der Redner hinter diesen Formulierungen verstecken will und eine mangelnde Souveränität sowie fehlendes Verantwortungsbewusstsein an den Tag legt. Die „Ich-Form" dagegen wirkt klarer, verständlicher, denn die eigenen Ausführungen werden damit transparent gemacht und die Intention der Botschaft wird verdeutlicht.

2. Motivation und Hintergrund von eigenen Fragen transparent machen

Diese zweite Postulat knüpft an die erste Regel an, denn auch hier wird gefordert, Verantwortung für das Gesagte zu übernehmen: „Sei dein eigener Chairman und bestimme, wann du reden oder schweigen willst und was du sagst."[4] Ebenso ist es wichtig, eigene Erfahrungen und Bedürfnisse in den Teamprozess mit einzubringen.

3. Bewusstsein über die eigenen Beiträge und Befindlichkeiten haben

Mit dieser Regel fordert Cohn ein Bewusstsein über eigenes Denken und Fühlen. Authentizität ist bei allem Gesagten Voraussetzung, da auch der Wahrheitsgehalt eine gewichtige Rolle spielt. Es ist ratsam, lieber manches nicht zu sagen als zuviel zusagen.

4. Zurückhaltung von Interpretation

Das Interpretieren anderer Meinungen kann sehr gefährlich sein, da sich Missdeutungen oder sogar Verletzungen des Gegenübers, die nie ausgeschlossen werden können, negativ auf den Teamprozess auswirken können. Daher muss gelten, bei Unverständnis von Gesagtem lieber gleich nachzufragen, anstatt durch falsche Interpretationen den Verlauf der Gruppeninteraktion zu gefährden.

5. Zurückhaltung von Verallgemeinerungen

Ähnlich wie bei der eben geschilderten Interpretationsgefahr verhält es sich auch mit voreiligen Verallgemeinerungen. Weil auch hier die Gefahr von Abwehrreaktionen des Gegenübers bis hin zu persönlichen Angriffen nicht

---

[4] Cohn, 115.

auszuschließen ist, sollten kritische Redebeiträge auf die Situation bezogen werden.

6. Persönliche Eindrücke des Gegenübers deutlich machen

Das Ziel der themenzentrierten Interaktion ist immer der offene Dialog. Wenn ich daher dem Gesprächspartner meine persönliche Ansicht über ihn mitteile, darf ich nie vergessen, dass dies nicht allgemeine Gültigkeit haben muss.

7. Störungen haben Vorrang

Seitengespräche sind von enormer Bedeutung und müssen stets beachtet werden. Die wahrscheinlich umstrittenste Regel begründet Cohn damit, dass im ersten Moment ein Seitengespräch wohl störend sein mag, aber dass es auf der anderen Seite dennoch stark beachtet werden muss, weil der Seitensprecher vielleicht Probleme hat, sich in der Gruppe zu behaupten, um seinen Redebeitrag zu leisten. Der Therapeut sollte versuchen, auf das Seitengespräch einzugehen und es in den Teamprozess zu integrieren.

Die größte Problematik dieser Regel liegt wohl darin, dass eine zu hohe Anzahl von Seitengesprächen nach und nach Frustrationen in der Gruppe auslösen kann.

8. Redebeiträge immer hintereinander anführen

Die Konzentration der Zuhörer kann sich immer nur auf einen Redner richten, da mehrere Informationen gleichzeitig kaum aufgenommen werden können. Dies gilt nicht nur für die verbale Kommunikation sondern bezieht sich auch auf Gestik und Mimik des Redners.

9. Bei Überschneidung von Redebeiträgen kurze Stichworte sammeln

Zunächst sollte jeder nur einige Stichpunkte zu seinem Beitrag anführen; seine näheren Ausführungen folgen später, wenn der Redner Zeit für seine Ausführungen erhält. Zu beachten ist auch, dass zurückhaltendere Redner zu Wort kommen, um eine Balance in der Gruppe herzustellen.

Abschließend verweist Cohn darauf, dass diese Regeln nicht als absolute Gesetzmäßigkeit zu sehen sind sondern, dass jede Gruppe vorher entscheiden sollte, welche Regeln nützlich und voranbringend sein könnten.

IV. Themenzentrierte Interaktion im Unterricht

In diesem kurzen Kapitel möchte ich nur auf einige Ansätze eingehen, wie das Modell der themenzentrierten Interaktion im Klassenzimmer angewendet werden kann.

Das bereits im letzten Kapitel geschilderte Gleichgewicht zwischen den Faktoren aus ‚Ich' ‚Wir' und ‚Es' spielt nach Cohn die fundamentale Rolle bei der Anwendung im Unterricht.[5]

Der Lehrer, der hier in der Ich-Funktion steht, hat im Wesentlichen die Bestimmung, als Moderator und Hüter der Balance zu agieren. Gleichzeitig muss er aber auch selbst als menschliches Wesen gelten, denn bei Gedanken, Problemen, Gefühlen, die ein Thema hervorruft, sollten ihm genauso wie den Schülern Fragen zum eigenen Empfinden der Situation und den damit verbundenen Schwierigkeiten erlaubt sein: „Der Lehrer versucht, sich der eigenen persönlichen Wünsche und Bedürfnisse ebenso bewusst zu sein wie der seiner Schüler und dementsprechend zu handeln."[6]

Für das ‚Wir' gilt auch im Klassenzimmer, dass sich sowohl die Schüler als auch der Lehrer bewusst darüber sein sollten, inwiefern jeder einzelne eigenständig und frei ist, aber gleichzeitig in die Gruppe einbezogen ist und somit von ihr abhängig ist (siehe erstes Axiom nach Ruth Cohn, Seite 7). Praktisch meint dies beispielsweise die Stärkung des ‚Wir-Gefühls' durch Kontaktaufnahme unter den Schülern sowie auch die Integration des Lehrers in die Lerngruppe.

Eine zentrale Aussage Ruth Cohns zum ‚Es' ist das „Personalisieren aller Themen", denn „selbst trockene und fernliegende Sachgebiete enthalten

---

[5] Vgl. Cohn, 160f.
[6] Cohn, 162.

interessante Elemente, wenn der Schüler lernt, persönlichen Zugang zu jedem Thema zu finden.“[7] Somit folgt daraus, dass nicht mehr der Unterrichtsgegenstand allein im Mittelpunkt des Lernens steht, sondern dass bei der Methode der themenzentrierten Interaktion auf jeden Fall Sacherfahrungen, Sozialbezüge und vor allem Gefühle der Kinder miteinbezogen werden.

Ziel dabei muss es sein, dem Prozess und dem Menschen selbst ebenso viel Raum zu geben wie dem Lernstoff.

Mit diesen aufgezeigten Perspektiven macht Cohns Methode Sinn und gibt mit Hilfe der ‚Ich-Wir-Es-Balance' die Möglichkeit, Wissenserwerb, Persönlichkeitsbildung und den Umgang miteinander zu verbessern.

V. Schlusswort mit Gedanken zum praktischen Spiel

Nach dem dargestellten, meist theoretischen Teil der themenzentrierten Interaktion möchte ich am Schluss noch kurz auf das praktische Spiel eingehen, dass wir am Ende unseres Referates (Sitzung vom 12.02.2003) gezeigt haben.

Wie bereits angedeutet sind einige Regeln und Richtlinien der themenzentrierten Interaktion umstritten, weil sie in der praktischen Umsetzung einfach schwierig durchführbar sind. Beispielsweise ist die siebte Regel nach Ruth Cohn: „Seitengespräche haben Vorrang.“[8] in der Gruppentherapie sowie auch im Unterricht nur schwer durchsetzbar, weil eben diese Störungen in Form von Seitengesprächen u.a. schnell Enttäuschungen und Frustrationen in der Gruppe auslösen können. In solchen Fällen würde ich mich als Gruppentherapeut auch von dieser Bestimmung distanzieren um den Fortschritt des Teamprozesses nicht zu gefährden.

Auf der anderen Seite hat die themenzentrierte Interaktion auch zahlreiche Vorteile, die wir gerade in unserem praktischen Spiel mit dem Thema der Störung der Privatsphäre im Klassenzimmer, das von Mitreferent Michael

---

[7] Cohn, 167.
[8] Cohn, 126.

Daume koordiniert wurde, zum Ausdruck bringen wollten. Wie effektives Konfliktmanagement, welches ja ein zentrales Thema des Seminars darstellte, mithilfe von Ruth Cohns Ideen betrieben werden kann, wollten wir mit dieser kleinen Anschauung in Form des Rollenspiels entfalten um auch den Praxisbezug, der für uns immer an erster Stelle stand, mit einfließen zu lassen.

Denn es war auch für uns nachvollziehbar, dass ein bloßer Theorieteil die themenzentrierte Interaktion nicht befriedigend erklären konnte. Auch ist es wohl kaum abzustreiten, dass sich für die übrigen Seminarteilnehmer/innen mit solch einer auflockernden Aktion vieles besser verstehbar machen lässt und sie sich die Inhalte vielleicht besser einprägen können.

Aus kurzen Feedbacks erfuhr ich von Mitstudierenden nach der Sitzung, dass die Methode unserer Gruppe, solch ein praktisches Spiel mit einzuflechten, sich positiv ausgewirkt hatte und wohl viele überzeugen konnte. Die themenzentrierte Interaktion sei ihm durch das Spiel verständlicher und eindeutiger gemacht worden, so ein Kommilitone.

VI. Literaturverzeichnis

➢ Cohn, Ruth, Von der Psychoanalyse zur themenzentrierten Interaktion, Stuttgart 1975.

➢ Müller, Thomas, *Themenzentrierte Interaktion in IT-Projekten, Mensch und Methode*, erschienen in: *ExperPraxis 2003/2004*, Dortmund 10.03.2003

(http://www.experteam.de/startd/publikationen/Artikel/Ber03_TM.html?Them en+ITBeratung)